Menus santé

TABLEAU DES ÉQUIVALENCES

QUÉBEC	FRANCE
Cassonade	Vergeoise ou sucre roux
Crème sure	Crème aigre (crème fraîche avec un filet de vinaigre)
Farine à gâteau ou à pâtisserie	Farine type 45
Farine blanche ou tout usage	Farine type 55
Farine de blé entier	Farine type 110
Fromage cottage	Fromage ricotta ou fromage blanc
Gruau	Avoine
Lait 0 % ou 1 %	Lait écrémé
Lait 2 %	Lait demi-écrémé
Lait 3,25 %	Lait entier
Papier ciré	Papier paraffiné
Poudre levante	Levure chimique
Soda à pâte	Bicarbonate de sodium
Yogourt	Yaourt

L'éditeur tient à remercier les magasins et boutiques suivants pour le prêt de vaisselle et d'accessoires photographiés dans ce livre :

- Stokes, rue Saint-Denis, Montréal
- Renaud-Bray, rue Saint-Denis, Montréal

LES PUBLICATIONS MODUS VIVENDI INC.
55, rue Jean-Talon Ouest, 2e étage
Montréal (Québec) H2R 2W8 CANADA

www.groupemodus.com

Éditeur : Marc Alain
Éditrice adjointe : Isabelle Jodoin
Designers graphiques : Catherine et Émilie Houle
Photographe : André Noël
Styliste culinaire : Simon Roberge
Relectrice : Flavie Léger-Roy

Dépôt légal — Bibliothèque et Archives nationales du Québec, 2012
Dépôt légal — Bibliothèque et Archives Canada, 2012

ISBN 978-2-89523-707-5

Nous reconnaissons l'aide financière du gouvernement du Canada par l'entremise du Fonds du livre du Canada pour nos activités d'édition.

Gouvernement du Québec — Programme de crédit d'impôt pour l'édition de livres — Gestion SODEC

Imprimé en Chine

Recettes tirées du livre *Osez bien manger.*

Menus santé

Nathalie Verret, nutritionniste

photographe André Noël

MODUS VIVENDI

Avant-propos

Les gens sont de plus en plus informés et s'intéressent à la nutrition. Pourquoi alors plusieurs d'entre eux ont-ils tant de difficulté à maintenir de bonnes habitudes alimentaires ? Pour quelles raisons plusieurs croient aussi, à tort, que cuisiner demande beaucoup de temps et un don qu'ils ne possèdent pas ?

Depuis plusieurs années, force est de constater que nous avons perdu l'efficacité en cuisine et la confiance en nos moyens. Et le prêt à manger et à servir favorise cet état de fait. Nos cuisines ne sont pas fonctionnelles, nos outils de travail sont quasi inexistants, et le garde-manger est dégarni ou mal rangé. Malgré de bonnes intentions, on perd vite sa motivation.

J'espérais pouvoir vous faire retrouver le goût de cuisiner, même si vous avez peu de temps ou d'expérience. Il s'agit d'abord d'avoir les bons outils et les bons ingrédients. Pour ce faire, je vous propose 21 menus équilibrés et faciles à réaliser qui renferment des ingrédients sains contribuant à la prévention des maladies cardio-vasculaires tout en vous assurant une bonne énergie pour la journée entière. J'ai ajouté quelques recettes supplémentaires de mets à congeler et je vous propose 14 déjeuners santé.

Enfin, je vous suggère quatre semaines de menus avec listes d'ingrédients pour les courses.

Je vous souhaite de remplir votre maison des mille et un parfums que ces menus vous offrent et de retrouver la fierté de goûter des plats savoureux et santé aussi souvent que possible.

À vos cuisines !

Table des matières

Menu 1 : Menu express

Mini-pizza savoureuse au thon • Petite verdure au balsamique • Coupe de fruits aux bleuets et framboises

Mini-pizza savoureuse au thon

4 portions • Préparation : moins de 30 minutes • Cuisson : 12 minutes

4	muffins anglais de blé entier tranchés en deux **ou** autres pains au choix	4
8	tranches de tomates fraîches	8
2	boîtes de thon égoutté (170 g/6 oz)	2
½	oignon haché	½
½	poivron rouge, jaune ou vert haché	½
30 ml	mayonnaise légère	2 c. à soupe
30 g	olives tranchées **ou** cornichons à l'aneth (facultatif)	2 c. à soupe
Au goût	sel et poivre	Au goût
50 g	mozzarella allégée râpée	½ tasse

Préchauffer le four à 180 °C (350 °F).

1. Couper les muffins en deux et disposer les 8 morceaux sur une plaque à cuisson.
2. Mélanger tous les ingrédients, sauf le fromage, et déposer sur les muffins anglais.
3. Parsemer de fromage râpé. Cuire au four environ 12 minutes, puis passer sous le gril 1 à 2 minutes pour colorer !

Valeur nutritive par portion

Calories	330	Gras total	8 g	Monoinsaturés	2,5 g
Protéines	32 g	Saturés	2,5 g	Calcium	293 mg
Glucides	34 g	Polyinsaturés	2,5 g	Fer	3 mg
Fibres alimentaires	6 g	Oméga-3	0,4 g	Vitamine C	64 mg

Petite verdure au balsamique

1	laitue boston	1
1	poivron rouge, vert ou jaune en cubes	1
1	oignon vert haché	1
3	champignons tranchés	3
20 g	fèves de soja rôties **ou** noix au choix	2 c. à soupe

vinaigrette

15 ml	vinaigre balsamique	1 c. à soupe
5 ml	miel liquide	1 c. à thé
1	gousse d'ail hachée finement	1
Au goût	sel et poivre	Au goût
30 ml	huile d'olive	2 c. à soupe

1. Dans un bol, fouetter tous les ingrédients (sauf l'huile d'olive et le sel et le poivre). Assaisonner. Incorporer lentement l'huile d'olive tout en fouettant. Disposer les légumes composant la salade dans 4 assiettes et y verser un filet de vinaigrette.

Valeur nutritive par portion

Calories 115	Gras total ....8 g	Monoinsaturés ....5,5 g
Protéines ....4 g	Saturés ....1 g	Calcium ....29 mg
Glucides ....8 g	Polyinsaturés ....1,5 g	Fer ....1 mg
Fibres alimentaires ....1,5 g	Oméga-3 ....0,2 g	Vitamine C ....63 mg

Pour le dessert : coupe de fruits au bleuets et framboises

Menu 2 : Du poisson !

Truite à la dijonnaise • Chou-fleur et brocoli vapeur • Pommes de terre rissolées de Yves • Yogourt

Truite à la dijonnaise

4 portions • Préparation : moins de 30 minutes • Cuisson : 10 minutes

720 g	4 filets de truite	1½ lb environ
15 ml	huile d'olive	1 c. à soupe
1	petite gousse d'ail hachée	1
15 ml	jus de citron	1 c. à soupe
30 ml	moutarde à l'ancienne	2 c. à soupe

Préchauffer le four à 220 °C (425 °F).

1. Disposer les filets de truite dans un plat huilé, ou sur du papier parchemin. Mélanger le reste des ingrédients et étendre sur les filets de truite. Cuire au four préchauffé environ 20 minutes ou jusqu'à ce que la chair se détache facilement à la fourchette.

Valeur nutritive par portion (truite)

Calories **290**
Protéines .... **38 g**
Glucides .... **1 g**
Fibres alimentaires .... **0 g**
Gras total .... **14 g**
Saturés .... **3,5 g**
Polyinsaturés .... **4 g**
Oméga-3 .... **1,8 g**
Monoinsaturés .... **5,5 g**
Calcium .... **132 mg**
Fer .... **1 mg**
Vitamine C .... **7 mg**

Pommes de terre rissolées de Yves

4	petites pommes de terre	4
1,25 g chacun	poivre, thym, paprika, curcuma	¼ c. à thé chacun
	Huile d'olive pour la plaque	

Préchauffer le four à 220 °C (425 °F).

1. Couper les pommes de terre en tranches minces et déposer sur une plaque à cuisson légèrement huilée. Saupoudrer du mélange d'herbes et d'épices. Cuire au four préchauffé environ 10 à 12 minutes jusqu'à ce que les pommes de terre soient dorées, et tourner à mi-cuisson.

Menu 3 : Des Oméga-3 camouflés !

Petits pains au saumon, fromage et légumes • Brocoli vapeur • Fruit au choix

Petits pains au saumon, fromage et légumes

6 portions • Préparation : moins de 30 minutes • Cuisson : 30 minutes • Le pain au saumon se congèle !

1	oignon jaune moyen	1
2	branches de céleri	2
180 g	fleurs de brocoli	2 tasses
15 ml	huile d'olive	1 c. à soupe
4	tranches de pain de blé sans la croûte coupées en cubes	4
2	boîtes de saumon égoutté (213 g/7,5 oz)	2
250 ml	ricotta faible en gras	1 tasse
2	œufs	2
25 g	parmesan râpé	¼ tasse
2,5 g	thym séché	½ c. à thé

Préchauffer le four à 180 °C (350 °F).

1. Passer les légumes au hachoir et faire revenir dans l'huile d'olive pendant 5 à 7 minutes environ dans une casserole moyenne. Réserver.

2. Pendant ce temps, mélanger les cubes de pain, le saumon égoutté, la ricotta, les œufs, le parmesan et le thym dans un bol et ajouter les légumes cuits. Prendre soin de bien écraser les os du saumon. Bien mélanger. Verser dans des moules à muffins légèrement huilés et cuire 30 minutes. Servir nappé de sauce tomate.

Sauce tomate

1	oignon jaune moyen	1
30 ml	huile d'olive	2 c. à soupe
20 g	farine blanche	2 c. à soupe
1	boîte de jus de tomate (540 ml/19 oz)	1
250 ml	bouillon de poulet	1 tasse
2,5 g	basilic	½ c. à thé
2,5 g	thym	½ c. à thé
5 g	curcuma	1 c. à thé
	Sel et poivre	

1. Vous pouvez préparer la sauce juste avant le service et utiliser la casserole qui a servi à faire sauter les légumes. Hacher l'oignon et faire revenir dans l'huile d'olive à feu doux jusqu'à transparence, environ 2 minutes. Ajouter la farine et bien mélanger. Cuire encore 2 minutes. Ajouter le reste des ingrédients et cuire encore 2 minutes.

Valeur nutritive par portion (pain au saumon et sauce tomate)

Calories	**360**	**Gras total**	**18 g**	**Monoinsaturés**	**9 g**
Protéines	**28 g**	**Saturés**	**5,5 g**	**Calcium**	**410 mg**
Glucides	**23 g**	**Polyinsaturés**	**2,5 g**	**Fer**	**3 mg**
Fibres alimentaires	**3,5 g**	**Oméga-3**	**1 g**	**Vitamine C**	**37 mg**

Menu 4 : Un délice !

Tilapia aux tomates confites • Purée de pommes de terre et patates douces • Quelques raisins frais suivis d'un à deux carrés de chocolat noir et d'une tisane à l'abricot

Tilapia aux tomates confites

4 portions • Préparation : moins de 30 minutes • Cuisson : 15 minutes

8	tomates italiennes coupées en quatre **ou** 15 tomates cerises coupées en deux	8
10 g (chacun)	persil, thym et romarin frais hachés	2 c. à thé (chacun)
	ou	
2,5 g (chacun)	persil, thym et romarin séchés	½ c. à thé (chacun)
1	gousse d'ail hachée	1
15 ml	huile d'olive	1 c. à soupe
	Sel, poivre	
700 g	filets de tilapia	1½ lb
	Jus de citron	

Préchauffer le four à 220 °C (425 °F).

1. Dans un bol, mélanger les tomates, les herbes, l'ail, l'huile d'olive et le sel et poivre au goût.

2. Disposer les filets de tilapia dans un plat légèrement huilé allant au four, arroser de jus de citron et assaisonner. Verser ensuite le mélange de tomates sur les filets. Cuire au four préchauffé environ 15 minutes ou jusqu'à ce que la chair soit blanche et se détache facilement à la fourchette.

Pour une touche croustillante et savoureuse

Tremper les filets de tilapia dans un œuf battu, dans la chapelure (faite de biscottes de grains entiers émiettées), puis les faire cuire au four préchauffé environ 15 minutes sur une plaque à cuisson légèrement huilée. Pendant ce temps, faire revenir dans une casserole tous les ingrédients de l'étape 1 pendant 10 minutes environ. Lorsque les filets de tilapia sont cuits, disposer dans les assiettes et recouvrir du mélange de tomates.

Note

Le tilapia est un poisson à saveur très douce. Vous pouvez le remplacer par la sole (plie), le flétan ou la morue.

Valeur nutritive par portion

Calories	**235**	**Gras total**	**7 g**	**Monoinsaturés**	**3,5 g**
Protéines	**37 g**	**Saturés**	**1,5 g**	**Calcium**	**30 mg**
Glucides	**8 g**	**Polyinsaturés**	**1 g**	**Fer**	**2 mg**
Fibres alimentaires	**2 g**	**Oméga-3**	**0,3 g**	**Vitamine C**	**43 mg**

Purée de pommes de terre et patate douce

4 portions • Préparation : moins de 30 minutes • Cuisson : 10 minutes

1	patate douce pelée et coupée en 4	1
3	pommes de terre à chair jaune moyennes pelées et coupées en 4	3
	Lait et beurre	
5 g	curcuma	1 c. à thé
15 g	ciboulette hachée	1 c. à soupe
	Sel et poivre	

1. Faire bouillir la patate douce avec les pommes de terre. Égoutter. Presser en purée avec du lait et un peu de beurre. Ajouter le curcuma, la ciboulette, le sel et le poivre. Servir. La patate douce apportera un goût sucré à la purée.

Valeur nutritive par portion

Calories	**120**	**Gras total**	**3,6 g**	**Monoinsaturés**	**1,5 g**
Protéines	**2 g**	**Saturés**	**0,8 g**	**Calcium**	**60 mg**
Glucides	**21 g**	**Polyinsaturés**	**1,1 g**	**Fer**	**18 mg**
Fibres alimentaires	**2,5 g**	**Oméga-3**	**0,06 g**	**Vitamine C**	**75 mg**

lait

Menu 5 : Menu pour deux !

Tartare de saumon sur nid de verdures • Tomates en quartiers poivrées et arrosées de jus de citron • Petit pain de grains entiers • Bol de fraises et oranges en morceaux

Tartare au saumon

2 portions • Préparation : moins de 30 minutes • Cuisson : aucune

15 g	câpres	1 c. à soupe
15 ml	moutarde à l'ancienne	1 c. à soupe
1	petite gousse d'ail hachée finement	1
1	cornichon à l'aneth haché finement	1
30 ml	relish sucrée	2 c. à soupe
15 ml	mayonnaise	1 c. à soupe
15 g	échalotes grises **ou** françaises hachées finement	1 c. à soupe
10 ml	jus de citron	2 c. à thé
4	gouttes de sauce tabasco	4
Au goût	poivre frais moulu	Au goût
2	darnes de saumon frais (250 g/½ lb au total) sans la peau et coupées en petits morceaux	2
	Nid de verdures	
	Laitue boston ou mesclun	

1. Mélanger tous les ingrédients, sauf la laitue, en terminant par le saumon. Si le temps le permet, laisser reposer au réfrigérateur 1 heure.
2. Disposer le tartare sur un nid de verdures dans chaque assiette.

Valeur nutritive par portion

Calories ... 290	Gras total ... 17 g	Monoinsaturés ... 5,5 g
Protéines ... 26 g	Saturés ... 3,5 g	Calcium ... 34 mg
Glucides ... 9 g	Polyinsaturés ... 6,5 g	Fer ... 1 mg
Fibres alimentaires ... 0,5 g	Oméga-3 ... 2,7 g	Vitamine C ... 9 mg

Menu 6 : Menu du matelot

Salade aux œufs et au thon parfumée à l'ail • Petit pain de blé entier • Croustade aux pommes et aux poires • Thé vert

Salade aux œufs et au thon parfumée à l'ail

4 portions • Préparation : moins de 30 minutes • Cuisson : 15 à 20 minutes

750 ml	laitue romaine ou feuilles d'épinards déchiquetées	3 tasses
1	poivron rouge ou vert en dés	1
1	avocat en cubes (facultatif)	1
30 g	oignon rouge émincé	2 c. à soupe
2	boîtes de thon conservé dans l'eau, égoutté (170 g/6 oz)	2
15 g	câpres	1 c. à soupe
15 g	ciboulette fraîche ou séchée	1 c. à soupe
30 ml	vinaigre de vin	2 c. à soupe
45 ml	huile d'olive	3 c. à soupe
1	gousse d'ail hachée	1
5 ml	miel	1 c. à thé
5 ml	moutarde à l'ancienne ou de Dijon	1 c. à thé
Au goût	sel, poivre	Au goût
2	tomates fraîches en quartiers	2
4	œufs durs	4

1. Bien mélanger la laitue ou les épinards et diviser dans 4 assiettes.
2. Mélanger tous les ingrédients sauf les tomates et les œufs. Diviser sur le mélange de laitue ou d'épinards.
3. Couper les tomates en quartiers et les disposer autour de la salade et garnir avec les œufs durs tranchés.

Valeur nutritive par portion

Calories	385	Gras total	24 g	Monoinsaturés	14,5 g
Protéines	30 g	Saturés	4,5 g	Calcium	71 mg
Glucides	14 g	Polyinsaturés	3 g	Fer	3 mg
Fibres alimentaires	6 g	Oméga-3	0,5 g	Vitamine C	103 mg

Croustade aux pommes et aux poires

4 portions • Préparation : moins de 30 minutes • Cuisson : 30 minutes

10	pommes pelées et coupées grossièrement	10
2	poires fraîches ou en conserve, pelées et coupées en morceaux	2
	Cannelle au goût	
100 g	cassonade	½ tasse
150 g	mélange de farine de grains entiers au choix : blé, sarrasin	1 tasse
90 g	flocons d'avoine **ou** sarrasin ou quinoa	1 tasse
30 g	amandes moulues ou hachées (facultatif) **ou** autres noix	¼ tasse
80 ml	huile de canola pressée à froid	1/3 tasse
80 ml	compote de pommes sans sucre	1/3 tasse

Préchauffer le four à 180 °C (350 °F).

1. Dans un plat en verre allant au four (22,5 x 33 cm/9 x 13 po), déposer les pommes et les poires. Saupoudrer de cannelle au goût.
2. Mélanger le reste des ingrédients et verser sur les fruits. Si le mélange est trop sec, ajouter de la compote de pommes.
3. Cuire au four préchauffé environ 30 minutes.

Valeur nutritive par portion

Calories	**285**	**Gras total**	**10 g**	**Monoinsaturés**	**5 g**
Protéines	**4 g**	**Saturés**	**0,5 g**	**Calcium**	**37 mg**
Glucides	**50 g**	**Polyinsaturés**	**2,5 g**	**Fer**	**2 mg**
Fibres alimentaires	**6 g**	**Oméga-3**	**0,7 g**	**Vitamine C**	**7 mg**

Menu 7

Jus de légumes et branche de céleri • Fish chowder de Maman • Biscottes de grains entiers • Mousse de tofu au cacao

Fish chowder de Maman

4 portions • Préparation : moins de 30 minutes • Cuisson : 30 minutes • Le fish chowder se congèle !

1	petit oignon haché	1
15 ml	huile d'olive	1 c. à soupe
500 ml	bouillon de poulet	2 tasses
1	grosse carotte pelée	1
1	branche de céleri	1
1	pomme de terre coupée en petits dés	1
2,5 g	basilic	½ c. à thé

	Sel et poivre	
500 ml	lait	2 tasses
20 g	farine blanche tout usage	2 c. à soupe
154 g	maïs en grains surgelé	1 tasse
225 g	filets de saumon frais **ou** darnes de saumon en bouchées	½ lb

1. Faire revenir l'oignon et l'huile d'olive dans un grand chaudron jusqu'à ce que l'oignon devienne translucide, environ 2 à 3 minutes.

2. Hacher la carotte et le céleri au hachoir manuel ou les couper en petits cubes. Ajouter aux oignons le bouillon de poulet, les légumes, la pomme de terre et le basilic et cuire jusqu'à ce que les légumes soient à point, environ 10 minutes.

3. Ajouter la moitié du lait, le maïs et les bouchées de saumon cru et cuire jusqu'à ce que le mélange commence à frémir.

4. Mélanger ensuite la farine avec le reste du lait et verser dans le mélange en filtrant avec un petit tamis. Brasser jusqu'à ce que le mélange épaississe légèrement. S'assurer que le poisson est cuit. Compter environ 7 à 8 minutes de cuisson au total pour le saumon. Il se défait tout seul lorsqu'il est prêt.

5. Assaisonner au goût et servir.

Valeur nutritive par portion

Calories 310	**Gras total ....12 g**	**Monoinsaturés............5 g**
Protéines............21 g	**Saturés............2,5 g**	**Calcium ....223 mg**
Glucides ....31 g	**Polyinsaturés ....3 g**	**Fer............2 mg**
Fibres alimentaires ....2,5 g	**Oméga-3 ....1,2 g**	**Vitamine C............15 mg**

Mousse de tofu au cacao

4 portions • Préparation : moins de 30 minutes • Cuisson : aucune

1	bloc de tofu soyeux ferme (environ 350 g/12 oz)	1
2	bananes bien mûres fraîches ou congelées	2
15 g	poudre de cacao	2 c. à soupe
15 ml	sirop d'érable	1 c. à soupe
15 ml	jus de citron	1 c. à soupe

1. Passer tous les ingrédients au mélangeur. Brasser entre chaque mixage pour permettre de bien mélanger.

Note

Il existe deux types de tofu sur le marché : le tofu ferme ou extra-ferme et le tofu soyeux.

Le tofu ferme peut être utilisé dans les sautés, sur des pâtes arrosées d'une bonne sauce tomate, sur une pizza maison, etc.

Le tofu japonais soyeux, de consistance plus crémeuse, est offert en trois textures : extra-ferme, ferme ou mou. Il sert davantage aux desserts (mousse), aux vinaigrettes crémeuses, aux potages ou aux trempettes.

On retrouve également du tofu soyeux sous-vide qui peut se conserver au garde-manger et du tofu soyeux qui se conserve au réfrigérateur.

Truc

Congeler les bananes bien mûres qui pourront être utilisées dans un pain aux bananes ou dans une mousse de tofu.

Valeur nutritive par portion

Calories	**125**	**Gras total**	**3 g**	**Monoinsaturés**	**0,5 g**
Protéines	**7 g**	**Saturés**	**0,5 g**	**Calcium**	**38 mg**
Glucides	**20 g**	**Polyinsaturés**	**1,5 g**	**Fer**	**1 mg**
Fibres alimentaires	**2 g**	**Oméga-3**	**0 g**	**Vitamine C**	**7 mg**

Menu 8 : Vite fait et savoureux !

Poulet crémeux au cari et curcuma • Mesclun, couscous et noix de Grenoble • Fruit

Poulet crémeux au cari et curcuma

4 portions • Préparation : moins de 30 minutes • Cuisson : 40 minutes

500 g	poitrines de poulet désossées	1¼ lb
45 ml	mayonnaise légère	3 c. à soupe
80 ml	yogourt nature	⅓ tasse
3	oignons verts hachés	3
10 g	curcuma	2 c. à thé
5 g	cari	1 c. à thé
	Sel et poivre	

Préchauffer le four à 180 °C (350 °F).

1. Disposer les poitrines de poulet dans un plat légèrement huilé allant au four.

2. Mélanger le reste des ingrédients et verser sur le poulet. Cuire au four préchauffé environ 30 à 40 minutes jusqu'à ce que le poulet ait perdu sa couleur rosée à l'intérieur.

Valeur nutritive par portion

Calories	**195**	**Gras total**	**6 g**	**Monoinsaturés**	**1,5 g**
Protéines	**30 g**	**Saturés**	**1,5 g**	**Calcium**	**48 mg**
Glucides	**3 g**	**Polyinsaturés**	**2,5 g**	**Fer**	**1 mg**
Fibres alimentaires	**0 g**	**Oméga-3**	**0,2 g**	**Vitamine C**	**3 mg**

Mesclun, couscous et noix de Grenoble

375 ml	bouillon de poulet	1½ tasse
180 g	couscous de grains entiers	1 tasse
1 litre	mesclun	4 tasses
1	petite tomate coupée en dés	1
½	poivron rouge ou vert	½
1	pomme	1

vinaigrette

20 g	noix de Grenoble hachées (facultatif)	2 c. à soupe
15 ml	jus de citron frais	1 c. à soupe
30 ml	huile de canola pressée à froid	2 c. à soupe
Au goût	poivre	Au goût

1. Dans un chaudron, amener le bouillon de poulet à ébullition. Ajouter le couscous de grains entiers et retirer du feu. Laisser reposer à couvert environ 10 minutes.

2. Diviser le mesclun dans 4 assiettes et garnir de tomates.

3. Hacher le poivron et la pomme ou couper en cubes.

4. Mélanger les ingrédients de la vinaigrette avec le poivron, la pomme et le couscous cuit. En garnir le mesclun et servir en accompagnement du poulet (voir recette page précédente).

Valeur nutritive par portion

Calories	310	Gras total	10 g	Monoinsaturés	4,5 g
Protéines	10 g	Saturés	1 g	Calcium	90 mg
Glucides	46 g	Polyinsaturés	4 g	Fer	2 mg
Fibres alimentaires	5,5 g	Oméga-3	1,1 g	Vitamine C	60 mg

Menu 9

Poulet mariné au miel • Salade de quinoa ou de couscous • Mangue et cantaloup

Poulet mariné au miel

4 portions • Mariner : 4 à 12 heures • Préparation : moins de 30 minutes • Cuisson : 30 minutes ou 20 minutes sur le barbecue • Le poulet mariné se congèle cuit

500 g	demi-poitrines de poulet, désossées sans la peau	1 ¼ lb

Marinade sucrée au balsamique

60 ml	huile d'olive	¼ tasse
2	gousses d'ail hachées finement	2
15 ml	miel	1 c. à soupe
45 ml	vinaigre balsamique	3 c. à soupe
Au goût	sel et poivre	Au goût

Préchauffer le four à 180 °C (350 °F).

1. Mélanger tous les ingrédients de la marinade dans un bol de verre.
2. Déposer les poitrines de poulet dans la marinade. Laisser mariner à couvert au réfrigérateur de 4 à 12 heures.
3. Disposer les poitrines de poulet dans un plat légèrement huilé allant au four. Cuire au four préchauffé environ 30 minutes ou jusqu'à ce que la chair soit blanche.
4. Sur le BBQ, cuire environ 20 minutes ou jusqu'à ce que la chair soit blanche.

Valeur nutritive par portion

Calories 175	Gras total ....5 g	Monoinsaturés ....3 g
Protéines ....28 g	Saturés ....1 g	Calcium ....7 mg
Glucides ....1 g	Polyinsaturés ....1 g	Fer ....1 mg
Fibres alimentaires ....0 g	Oméga-3 ....0 g	Vitamine C ....2 mg

HONEY

Salade de quinoa ou de couscous

180 g	quinoa en grains	1 tasse
500 ml	eau	2 tasses
	ou	
180 g	couscous entier	1 tasse
375 ml	eau	1½ tasse

1	gousse d'ail hachée	1
1	poivron rouge, jaune ou vert en dés	1
1	tomate en dés	1
1	concombre moyen pelé et coupé en dés	1
30 ml	huile de canola	2 c. à soupe
15 ml	jus de citron	1 c. à soupe
15 g	menthe ou persil frais finement haché	1 c. à soupe
	ou	
5 g	persil séché	1 c. à thé
	Sel et poivre	
8	feuilles de laitue au choix	8

1. Porter l'eau à ébullition.

Si vous avez choisi le quinoa : 1 portion de quinoa pour 2 portions de liquide. Verser le quinoa dans l'eau bouillante et cuire environ 10 à 15 minutes ou selon les indications du fabricant. Retirer du feu et réserver.

Si vous avez choisi le couscous entier : 1 portion de couscous pour 1½ portion de liquide. Verser le couscous dans l'eau bouillante et retirer du feu. Laisser reposer à couvert environ 10 minutes ou suivre les indications du fabricant.

2. Mélanger tous les ingrédients sauf les feuilles de laitue. Ajouter au quinoa ou au couscous déjà cuit et bien mélanger.

3. Diviser les feuilles de laitue dans 4 assiettes. Déposer le mélange de quinoa ou de couscous sur les feuilles de laitue. Servir avec le poulet (voir recette p. 34).

Valeur nutritive par portion

Calories 260	**Gras total** ....10 g	**Monoinsaturés**..........5 g
Protéines ....7 g	**Saturés**..........1 g	**Calcium** ....59 mg
Glucides ....38 g	**Polyinsaturés**..........3,5 g	**Fer** ....5 mg
Fibres alimentaires..........5 g	**Oméga-3** ....0,7 g	**Vitamine C**..........66 mg

Menu 10 : Délicieux parfums d'Asie

Salade de poulet à la coriandre et à l'arachide • Yogourt et framboises • Thé vert

Salade de poulet à la coriandre et à l'arachide

6 portions • Préparation : moins de 30 minutes • Cuisson : 10 à 15 minutes • La salade de poulet se congèle !

300 g	vermicelle de riz sec	10½ oz
500 g	poitrines de poulet désossées et coupées en cubes	1¼ lb
15 ml	beurre d'arachide naturel	1 c. à soupe
15 ml	miel liquide	1 c. à soupe
10 g	graines de sésame	1 c. à soupe
10 ml	huile d'olive	2 c. à thé
100 g	champignons tranchés	1 tasse
2	poivrons rouges ou verts	2
150 g	chou chinois	2 tasses

Sauce

45 ml	sauce tamari ou soja légère	3 c. à soupe
60 ml	vinaigre de riz	¼ tasse
30 ml	jus de citron	2 c. à soupe
10 g	gingembre frais ou congelé haché	2 c. à soupe
60 ml	coriandre fraîche hachée (facultatif)	¼ tasse
1	gousse d'ail hachée	1
20 g	arachides (facultatif)	2 c. à soupe
	Sel et poivre	

Préchauffer le four à 180 °C (350 °F).

1. Faire cuire le vermicelle de riz selon les indications du fabricant. Bien égoutter et réserver.
2. Mélanger les morceaux de poulet avec le beurre d'arachide, le miel et les graines de sésame. Dans un grand chaudron ou dans un wok, faire revenir les morceaux de poulet dans l'huile d'olive et laisser dorer légèrement, 3 à 4 minutes, sans trop remuer.
3. Passer les poivrons et le chou chinois au hachoir ou les couper en cubes ou hacher grossièrement au couteau. Ajouter les champignons, les poivrons et le chou au mélange de poulet et cuire jusqu'à ce que le poulet ne soit plus rosé et les légumes, al dente. Réduire le feu et réserver.
4. Mélanger les ingrédients de la sauce dans un petit bol et ajouter au poulet. Bien mélanger. Ajouter le vermicelle de riz au mélange de poulet et bien mélanger. Assaisonner au goût.
5. Verser dans les assiettes et parsemer d'arachides, au goût.

Valeur nutritive par portion

Calories 370	Gras total ....7 g	Monoinsaturés ....3 g
Protéines ....25 g	Saturés ....1,5 g	Calcium ....54 mg
Glucides ....51 g	Polyinsaturés ....2 g	Fer ....2 mg
Fibres alimentaires ....2,5 g	Oméga-3 ....0,1 g	Vitamine C ....75 mg

Menu 11 : Le petit cousin du cigare au chou

Bœuf au chou vite fait aux saveurs de tomates et de curcuma • Pommes de terre en purée à la ciboulette et aux haricots verts • Bananes en rondelles arrosées d'un filet de sirop d'érable et de yogourt nature

Bœuf au chou vite fait aux saveurs de tomates et de curcuma

6 portions • Préparation : moins de 30 minutes • Cuisson : 35 minutes • Le bœuf au chou se congèle !

30 ml	huile d'olive	2 c. à soupe
3	oignons (petits) hachés	3
1	gousse d'ail hachée	1
500 g	bœuf haché extramaigre	1¼ lb
1	petit chou pommé blanc en minces lanières ou passé au hachoir	1
1	boîte de tomates en dés (796 ml/28 oz)	1
1	boîte de jus de tomate (540 ml/19 oz)	1
15 ml	sauce tamari ou soja légère	1 c. à soupe
45 ml	jus de citron	3 c. à soupe
2,5 g	origan	½ c. à thé
2,5 g	basilic	½ c. à thé
2,5 g	assaisonnement à l'italienne	½ c. à thé
15 g	curcuma	1 c. à soupe
1 ml	piments broyés	¼ c. à thé
Au goût	poivre	Au goût

1. Dans un gros chaudron, faire revenir l'oignon 5 minutes dans l'huile d'olive. Ajouter l'ail et cuire 2 minutes. Ajouter le bœuf haché et poursuivre la cuisson 8 à 10 minutes en défaisant la viande à la fourchette. Ajouter le chou et poursuivre la cuisson 5 minutes.
2. Ajouter tous les autres ingrédients, couvrir et laisser mijoter environ 20 minutes ou jusqu'à ce que le chou soit suffisamment tendre.

Valeur nutritive par portion

Calories 345	**Gras total** ....14 g	**Monoinsaturés** ....7,5 g
Protéines ....27 g	**Saturés** ....4 g	**Calcium** ....168 mg
Glucides ....32 g	**Polyinsaturés** ....1 g	**Fer** ....5 mg
Fibres alimentaires ....7,5 g	**Oméga-3** ....0,2 g	**Vitamine C** ....101 mg

Menu 12 : Hachis repensé !

Hachis de porc et tofu • Riz vapeur au choix • Fruits

Hachis de porc et tofu

6 portions • Préparation : moins de 30 minutes • Cuisson : 15 minutes • Le hachis et le riz cuit se congèlent !

454 g	tofu ferme coupé en cubes	16 oz
30 ml	huile d'olive	2 c. à soupe
400 g	porc ou veau haché maigre ou extramaigre	¾ à 1 lb
4	oignons verts	4
2	gousses d'ail	2
4	poivrons verts ou rouges	4
30 ml	sauce de poisson	2 c. à soupe
20 ml	sauce tamari ou soja légère	4 c. à thé
2	œufs battus	2
5 ml	miel	1 c. à thé

1. Dans un wok ou dans un gros chaudron, faire revenir à feu moyen les cubes de tofu environ 3 à 4 minutes. Retirer du chaudron et réserver dans un plat. Conserver l'huile de cuisson.

2. Faire revenir le porc haché dans le wok ou le chaudron environ 5 à 7 minutes. Pendant ce temps, hacher les légumes au hachoir manuel ou à la main. Ajouter les légumes hachés au porc cuit et bien mélanger. Laisser mijoter à couvert environ 5 minutes. Bien mélanger à nouveau et s'assurer que la viande a perdu toute couleur rosée et est bien cuite.

3. Verser la sauce de poisson, la sauce tamari ou soja, les 2 œufs battus et le miel au mélange de viande. Bien mélanger. Ajouter le tofu et mélanger à nouveau. Servir accompagné d'un riz vapeur.

Version végétarienne

Remplacer le porc par une boîte de pois chiches ou de lentilles rincées et égouttées (540 ml/19 oz) ou une deuxième brique de tofu ferme (400 g/15 oz)

Valeur nutritive par portion

Calories 250	**Gras total** ....14 g	**Monoinsaturés** ....6,5 g
Protéines ....22 g	**Saturés** ....3,5 g	**Calcium** ....168 mg
Glucides ....11 g	**Polyinsaturés** ....2,5 g	**Fer** ....3 mg
Fibres alimentaires ....2 g	**Oméga-3** ....0,2 g	**Vitamine C** ....123 mg

Menu 13 : Confort d'automne !

Soupe repas aux boulettes • Petit pain de grains entiers • Yogourt et fruits des champs

Soupe repas aux boulettes

6 portions • Préparation : moins de 30 minutes • Cuisson : 30 à 45 minutes • La soupe se congèle !

340 g	bœuf haché	¾ lb
90 g	couscous entier non cuit	½ tasse
1	gousse d'ail hachée	1
1	oignon jaune (petit) ou ½ moyen haché finement	1
30 ml	huile d'olive	2 c. à soupe
1	oignon jaune (petit) ou ½ moyen haché	1
1	courgette coupée en dés	1
1	branche de céleri hachée	1
50 g	champignons tranchés	½ tasse
500 ml	bouillon de bœuf	2 tasses
750 ml	bouillon de légumes	3 tasses
1	boîte de tomates en dés (796 ml/28 oz)	1
1	boîte de haricots rouges rincés et égouttés (540 ml/19 oz)	1
5 g	cumin	1 c. à thé
6	gouttes de sauce tabasco	6
1	feuille de laurier	1
	Sel et poivre	

1. Bien mélanger le bœuf, le cousous, l'ail et l'oignon et faire de petites boulettes de la taille d'une bouchée.
2. Dans un gros chaudron, faire revenir sur feu moyen les boulettes et un oignon 2 minutes dans l'huile d'olive. Ajouter les autres légumes. Cuire environ 5 à 7 minutes.
3. Ajouter tous les autres ingrédients et bien mélanger. Assaisonner. Baisser le feu et laisser mijoter à couvert environ 30 à 45 minutes. Servir.

Valeur nutritive par portion

Calories	**360**	**Gras total**	**13 g**	**Monoinsaturés**	**7 g**
Protéines	**23 g**	**Saturés**	**4 g**	**Calcium**	**114 mg**
Glucides	**35 g**	**Polyinsaturés**	**1 g**	**Fer**	**5 mg**
Fibres alimentaires	**8 g**	**Oméga-3**	**0,1 g**	**Vitamine C**	**28 mg**

Menu 14 : Version longue du samedi soir !

Moussaka de la Méditerranée • Couscous et tomates confites • Coupe de poires pelées en morceaux et figues

Moussaka de la Méditerranée

8 portions • Préparation : moins de 30 minutes à deux • Cuisson : 40 à 50 minutes • La moussaka et le couscous se congèlent !

2	poivrons rouges ou verts	2
2	petites aubergines non pelées	2
3	petites courgettes	3
1	oignon jaune	1
Soupçon	huile d'olive	Soupçon
	Sel et poivre	
1	boîte de tomates en dés (540 ml/19 oz)	1
125 g	olives noires dénoyautées	½ tasse
15 ml	vinaigre balsamique	1 c. à soupe
46 g	tomates séchées ou déshydratées	⅓ tasse
Au goût	poivre	Au goût
500 g	agneau ou veau haché	1 ¼ lb
2	gousses d'ail hachées	2
Pincée	poivre	Pincée
3	œufs battus	3
500 ml	ricotta faible en gras	2 tasses
50 g	romano râpé	½ tasse
1 ml	muscade moulue	¼ c. à thé

Préchauffer le four à 220 °C (425 °F).

1. Passer les légumes au hachoir et les déposer sur une plaque huilée. Saler et poivrer et cuire au four préchauffé environ 20 minutes. Retourner une fois. Retirer du four et réserver. Réduire la chaleur du four à 190 °C (375 °F).

2. Pendant ce temps, verser les tomates en boîte et séchées, les olives, le vinaigre et le poivre au goût dans un chaudron et porter à ébullition. Baisser le feu et laisser mijoter environ 10 minutes. Verser le mélange dans le robot culinaire et réduire en une purée lisse. Réserver.

3. Dans une poêle antiadhésive, faire revenir à sec l'agneau et l'ail jusqu'à ce que la viande soit bien cuite. Défaire la viande à la fourchette. Jeter l'excédent de gras. Verser ensuite la viande dans un grand plat en verre allant au four (format 22,5 x 33 cm/9 x 13 po). Recouvrir du mélange de légumes grillés, puis verser le mélange de sauce tomate. Remuer un peu les légumes pour faire pénétrer la sauce.

4. Bien mélanger au fouet tous les autres ingrédients et étendre sur le dessus des légumes. Enfourner et cuire 40 à 50 minutes ou jusqu'à ce que le dessus soit légèrement doré.

Valeur nutritive par portion

Calories 310	**Gras total** ....15 g	**Monoinsaturés** ....5,5 g
Protéines ....26 g	**Saturés** ....7 g	**Calcium** ....316 mg
Glucides ....21 g	**Polyinsaturés** ....1 g	**Fer** ....2 mg
Fibres alimentaires ....6 g	**Oméga-3** ....0,2 g	**Vitamine C** ....84 mg

Couscous et tomates confites

750 ml	bouillon de poulet	3 tasses
360 g	couscous entiers non cuit	2 tasses
3	grosses tomates fraîches coupées en quartiers	3
1	gousse d'ail hachée	1
10 ml	huile d'olive	2 c. à thé

1. Porter le bouillon de poulet à ébullition dans un chaudron. Ajouter ensuite le couscous de grains entiers, retirer du feu et laisser reposer à couvert 15 minutes environ.
2. Pendant ce temps, faire revenir dans une casserole les tomates dans l'huile d'olive 5 à 7 minutes. Ajouter l'ail et cuire 2 minutes.
3. Servir les tomates confites sur le couscous en accompagnement avec la moussaka (voir recette p. 46).

Valeur nutritive par portion

Calories 200	Gras total ....2 g	Monoinsaturés............1 g
Protéines ....8 g	Saturés............0 g	Calcium ....26 mg
Glucides ....39 g	Polyinsaturés............0,5 g	Fer ....1 mg
Fibres alimentaires ....2,5 g	Oméga-3 ....0 g	Vitamine C ....9 mg

Pour le dessert : coupe de poires pelées en morceaux et figues.

Menu 15 : Menu végétarien aux saveurs d'Italie !

Salade au parmesan • Spaghetti version végétarienne • Yogourt et bleuets

Salade au parmesan

4 portions • Préparation : moins de 30 minutes • Cuisson : aucune

1½ L	romaine déchiquetée	6 tasses
125 ml	cresson frais (facultatif)	½ tasse
42 g	oignon rouge haché finement	¼ tasse
	Vinaigrette	
1	gousse d'ail hachée finement	1
45 ml	huile de noix* **ou** huile d'olive	3 c. à soupe
30 ml	moutarde à l'ancienne	2 c. à soupe
30 ml	jus de citron	2 c. à soupe
Au goût	poivre	Au goût
12 g	parmesan frais râpé	2 c. à soupe
	Croûtons à salade nature (facultatif)	

1. Mélanger la romaine, le cresson et l'oignon rouge.
2. Bien mélanger les ingrédients de la vinaigrette et verser environ 60 ml (¼ tasse) de la vinaigrette sur la salade. Réfrigérer le reste.
3. Ajouter le parmesan sur la salade. Mélanger et servir !

* On trouve l'huile de noix dans les épiceries fines et de plus en plus chez l'épicier. Elle est plus coûteuse, mais son goût est délicieux. Elle contient également des acides gras oméga-3 de source végétale. On ne doit pas la chauffer.

Valeur nutritive par portion

Calories 135	**Gras total** ....12 g	**Monoinsaturés** ....8 g
Protéines ....3 g	**Saturés** ....2 g	**Calcium** ....84 mg
Glucides ....5 g	**Polyinsaturés** ....1,5 g	**Fer** ....1 mg
Fibres alimentaires ....2 g	**Oméga-3** ....0,2 g	**Vitamine C** ....28 mg

Spaghetti version végétarienne

4 portions • Préparation : moins de 30 minutes • Cuisson : 5 à 10 minutes (si la sauce est déjà préparée) • La sauce végétarienne se congèle !

375 g	spaghetti*	13 oz
	Sauce végétarienne	
60 ml	huile d'olive	¼ tasse
½ pied	céleri	½ pied
4	oignons	4
1	poivron rouge	1
2	poivrons verts	2
2	gousses d'ail hachées finement	2
2	boîtes de tomates en dés (796 ml/28 oz)	2
2	boîtes de pâte de tomate (concentré de tomate) (156 ml/5,5 oz)	2
2	boîtes de sauce tomate (213 ml/7,5 oz)	2
Au goût	sel et poivre	Au goût
2,5 g	origan	½ c. à thé
2,5 g	sarriette	½ c. à thé
2,5 g	assaisonnement à l'italienne	½ c. à thé
2,5 g	marjolaine	½ c. à thé
2,5 g	piment broyé	½ c. à thé
2,5 g	thym	½ c. à thé
6	feuilles de laurier	6
6	gouttes de tabasco	6
5 ml	sauce worcestershire	1 c. à thé
60 ml	vin blanc	¼ tasse
250 ml	sauce tamari ou soja légère	1 tasse
1 bloc	tofu régulier râpé (454 g/16 oz)	1 bloc
1 à 2	boîtes de jus de tomate (540 ml/19 oz)	1 à 2
1	boîte de lentilles rincées et égouttées (540 ml/19 oz)	1

1. Cuire les pâtes selon les indications du fabricant. Égoutter les pâtes et arroser de la sauce végétarienne

* Varier la forme de pâtes : rotini, linguine, spaghetti... et également le type de grains, comme des pâtes de blé entier, de kamut, de sarrasin...

Sauce

1. Passer le céleri, les oignons, les poivrons et l'ail au hachoir ou couper en cubes. Dans un grand chaudron, les cuire dans l'huile environ 15 minutes.
2. Ajouter les autres ingrédients sauf les lentilles. Verser d'abord 1 boîte de jus de tomate au mélange. Selon la texture désirée, ajouter du jus au besoin. Cuire à couvert à feu moyen doux environ 1½ heure. Remuer à l'occasion pour éviter que la sauce colle au fond.
3. Ajouter les lentilles à la sauce et bien mélanger. Continuer la cuisson environ 20 minutes.

Valeur nutritive par portion

Calories	**545**	**Gras total**	**8 g**	**Monoinsaturés**	**4 g**
Protéines	**26 g**	**Saturés**	**1,5 g**	**Calcium**	**251 mg**
Glucides	**101 g**	**Polyinsaturés**	**2,5 g**	**Fer**	**9 mg**
Fibres alimentaires	**14 g**	**Oméga-3**	**0,2 g**	**Vitamine C**	**68 mg**

Menu 16 : Menu à l'italienne

Rotini et tofu rouge tomate • Prune • Tisane parfumée au goût

Rotini et tofu rouge tomate

6 portions • Préparation : moins de 30 minutes • Cuisson : 25 minutes • Le rotini au tofu se congèle !

280 g	rotinis de blé entier sèches	2 tasses
15 ml	huile d'olive	1 c. à soupe
2	oignons moyens hachés*	2
2	poivrons rouges ou jaunes hachés*	2
180 g	fleurs de brocoli lavées et hachées*	2 tasses
1	brique de tofu régulier (454 g/16 oz) râpé ou haché*	1
2	petites gousses d'ail hachées finement	2
1	boîte de tomates en dés (796 ml/28 oz)	1
30 ml	sauce tamari ou soja légère	2 c. à soupe
6 gouttes	sauce tabasco	6 gouttes
5 ml	sauce worcestershire	1 c. à thé
5 g	assaisonnement à l'italienne	1 c. à thé
Au goût	poivre moulu	Au goût
125 ml	crème sure 14 % m.g.	½ tasse
100 g	mozzarella faible en gras râpée	1 tasse
12 g	parmesan râpé	2 c. à soupe

Préchauffer le four à 180 °C (350 °F).

1. Faire cuire les rotinis al dente dans l'eau bouillante environ 8 à 10 minutes. Égoutter et réserver.

2. Dans un chaudron, faire revenir l'oignon et les poivrons dans l'huile d'olive jusqu'à transparence des oignons, environ 3 minutes. Ajouter l'ail et cuire 2 minutes. Ajouter le tofu rapé, l'ail, les tomates, les sauces et assaisonnement. Bien mélanger et porter à ébullition.

3. Éteindre le feu, ajouter la crème sure et bien mélanger. Verser les pâtes dans un grand plat en verre ou en céramique allant au four (format minimum de 22,5 x 33 cm/9 x 13 po) et verser le mélange de légumes et de tofu. Mélanger légèrement la sauce et les pâtes. Couvrir de mozzarella râpée. Cuire au four préchauffé pendant environ 20 minutes.

4. Saupoudrez chaque assiette de parmesan au service !

* Vous pouvez passer les oignons, les poivrons, le tofu et le brocoli au hachoir manuel pour accélérer le travail.

Valeur nutritive par portion

Calories	**375**	**Gras total**	**13 g**	**Monoinsaturés**	**4,5 g**
Protéines	**21 g**	**Saturés**	**5 g**	**Calcium**	**530 mg**
Glucides	**50 g**	**Polyinsaturés**	**3 g**	**Fer**	**7 mg**
Fibres alimentaires	**7,5 g**	**Oméga-3**	**0,4 g**	**Vitamine C**	**147 mg**

Menu 17 : Menu du dimanche

Petite salade verte • Linguines aux fruits de mer • Pommes tranchées, quelques canneberges et yogourt à la vanille

Linguines sauce aux fruits de mer

6 portions • Préparation : moins de 30 minutes • Cuisson : 20 minutes • La sauce se congèle !

30 ml	huile d'olive	2 c. à soupe
1	poivron rouge ou vert	1
1	oignon	1
1	gousse d'ail	1
20 g	farine tout usage	2 c. à soupe
250 ml	bouillon de poulet	1 tasse
1	boîte de sauce tomate (213 ml/7,5 oz)	1
60 ml	vin blanc	¼ tasse
5 g	cari	1 c. à thé
10 g	curcuma	2 c. à thé
2,5 g	marjolaine	½ c. à thé
2,5 g	basilic	½ c. à thé
2,5 g	thym	½ c. à thé
500 g	fruits de mer au choix : crevettes, palourdes, crabe ou pétoncles	1¼ lb
125 ml	crème 10 %	½ tasse
	Sel et poivre	
1	paquet de 375 g/13 oz de linguines de grains entiers sèches	1

1. Passer le poivron et l'oignon au hachoir. Faire revenir 5 à 7 minutes dans l'huile à feu moyen dans une casserole. Ajouter l'ail et cuire environ 2 minutes.

2. Réduire le feu à moyen-doux. Saupoudrer la farine sur le mélange de légumes. Bien mélanger et cuire 1 minute. Ajouter le bouillon de poulet en une fois et bien lier la sauce. Ajouter la sauce tomate, le vin et les épices et bien mélanger.

3. Ajouter les fruits de mer et cuire juste assez pour qu'ils restent tendres, soit environ 3 minutes pour les crevettes (si elles sont crues, elles passeront du gris au rose); environ 2 à 3 minutes pour les pétoncles (jusqu'à ce qu'ils ne soient plus translucides); un peu plus longtemps si les fruits de mer sont plus gros. Ajouter la crème et assaisonner. Bien mélanger.

4. Faire cuire les linguines dans l'eau bouillante jusqu'à ce qu'elles soient al dente, selon les instructions du fabricant. Égoutter. Arroser de la sauce et servir !

Valeur nutritive par portion

Calories..........................505
Protéines........................33 g
Glucides..........................72 g
Fibres alimentaires...........8 g
Gras total.......................11 g
Saturés............................3 g
Polyinsaturés.................1,5 g
Oméga-3.......................0,4 g
Monoinsaturés..................5 g
Calcium.....................128 mg
Fer.................................6 mg
Vitamine C...................99 mg

Petite salade verte

	Laitue romaine ou frisée	
	Tomates en tranches	
	Poivre	
	Vinaigrette	
15 ml	huile de canola	1 c. à soupe
15 ml	jus de citron frais	1 c. à soupe
5 ml	moutarde de Dijon ou à l'ancienne	1 c. à thé
5 g	assaisonnement à l'italienne	1 c. à thé

1. Préparer la vinaigrette. Diviser la laitue dans six assiettes. Ajouter les tomates, verser la vinaigrette et poivrer.

Pour le dessert : pommes tranchées, quelques canneberges et yogourt à la vanille.

Menu 18 : Menu express délicieux!

Pizza pita fromage de chèvre et tofu • Salade multicolore • Mousse aux bananes

Pizza pita fromage de chèvre et tofu

4 portions • Préparation : moins de 30 minutes • Cuisson : 15 minutes • La pizza se congèle !

½	paquet de tofu régulier (225 g/8 oz) râpé	½
3	grosses tomates coupées en dés	3
1	gousse d'ail hachée	1
125 g	olives noires dénoyautées et tranchées	½ tasse
5 g	ciboulette fraîche ou séchée	1 c. à thé
10 g	basilic frais	¼ tasse
	ou	
5 g	basilic séché	1 c. à thé
30 ml	huile d'olive	2 c. à soupe
Au goût	sel et poivre	Au goût
4	pains pita de blé d'environ 18 cm/7 po de diamètre	4
200 g	fromage de chèvre léger émietté ou coupé en tranches	½ lb

Préchauffer le four à 200 °C (400 °F).

1. Mélanger tous les ingrédients, sauf les pains pita et le fromage, dans un grand bol.
2. Déposer les pitas sur une plaque à cuisson et diviser le mélange sur les pitas.
3. Ajouter le fromage de chèvre sur chaque pita. Cuire au four préchauffé 10 à 15 minutes.

Valeur nutritive par portion

Calories 455	Gras total ....24 g	Monoinsaturés ....9,5 g
Protéines ....22 g	Saturés ....9 g	Calcium ....313 mg
Glucides ....44 g	Polyinsaturés ....3,5 g	Fer ....7 mg
Fibres alimentaires ....7,5 g	Oméga-3 ....0,3 g	Vitamine C ....19 mg

Salade multicolore

750 ml	laitue romaine déchiquetée	3 tasses
2	poivrons rouges ou jaunes en dés	2
1	oignon vert haché	1
50 g	champignons frais tranchés	½ tasse

Vinaigrette

45 ml	huile d'olive	3 c. à soupe
20 ml	vinaigre de vin	4 c. à thé
Au goût	poivre	Au goût

1. Bien mélanger tous les légumes et la laitue dans un bol à salade. Diviser dans 4 assiettes.
2. Bien mélanger les ingrédients de la vinaigrette et verser sur chaque assiette.

Valeur nutritive par portion

Calories 70	Gras total ....6 g	Monoinsaturés ....4 g
Protéines ....1 g	Saturés ....1 g	Calcium ....16 mg
Glucides ....5 g	Polyinsaturés ....0,5 g	Fer ....1 mg
Fibres alimentaires ....1,5 g	Oméga-3 ....0,1 g	Vitamine C ....103 mg

Mousse aux bananes

1 paquet	tofu soyeux ferme (350 g/12 oz)	1 paquet
2	grosses bananes mûres	2
30 ml	jus de citron	2 c. à soupe
15 ml	sirop d'érable	1 c. à soupe

1. Battre tous les ingrédients au mélangeur jusqu'à consistance onctueuse.

Valeur nutritive par portion

Calories 135	Gras total ....3 g	Monoinsaturés ....0,5 g
Protéines ....7 g	Saturés ....0,5 g	Calcium ....38 mg
Glucides ....23 g	Polyinsaturés ....1,5 g	Fer ....1 mg
Fibres alimentaires ....1 g	Oméga-3 ....0 g	Vitamine C ....9 mg

Menu 19 : Menu léger vite fait

Soupe repas aux haricots rouges • Sandwich aux 2 tomates et fromage suisse • Coupe de fraises et kiwis

Soupe repas aux haricots rouges

8 à 10 portions • Préparation : moins de 30 minutes • Cuisson : 30 minutes • La soupe se congèle !

15 ml	huile d'olive	1 c. à soupe
1	oignon moyen	1
1	carotte	1
140 g	rotini de blé entier	1 tasse
1	boîte de tomates en dés (540 ml/19 oz)	1
2 litres	bouillon de poulet	8 tasses
500 ml	épinards frais déchiquetés	2 tasses
154 g	maïs en grains surgelés	1 tasse
1	boîte haricots rouges rincés et égouttés (540 ml/19 oz)	1
Quelques gouttes	tabasco	Quelques gouttes
	Sel et poivre	

1. Passer l'oignon et la carotte au hachoir. Dans un chaudron à feu moyen, les faire revenir dans l'huile d'olive 7 à 8 minutes.

2. Ajouter les rotinis, les tomates et le bouillon de poulet. Porter à ébullition, puis baisser le feu et laisser mijoter le temps nécessaire pour que les pâtes soient al dente, environ 10 à 15 minutes selon les instructions du fabricant.

3. Ajouter les épinards, le maïs en grains et les légumineuses et cuire encore 5 minutes ou juste assez pour réchauffer. Assaisonner au goût. Servir !

Valeur nutritive par portion

Calories	150	Gras total	2 g	Monoinsaturés	1 g
Protéines	9 g	Saturés	0,5 g	Calcium	58 mg
Glucides	27 g	Polyinsaturés	0,5 g	Fer	2 mg
Fibres alimentaires	6 g	Oméga-3	0,1 g	Vitamine C	12 mg

Sandwich aux 2 tomates et fromage suisse

4 portions • Préparation : moins de 30 minutes • Cuisson : aucune

8	tranches de pain sandwich de grains entiers rôties	8
4	tranches de fromage suisse faible en gras	4
3	tomates fraîches tranchées	3
	Sel et poivre	
45 g	tomates séchées marinées dans l'huile et hachées	¼ tasse
4	feuilles de laitue	4

1. Déposer le fromage sur les tranches de pain rôties. Ajouter le reste des ingrédients. Refermer, trancher et déguster !

Note

On trouve les tomates séchées déjà marinées ou déshydratées. Placez la quantité de tomates déshydratées désirée dans de l'eau bouillante 5 minutes. Ensuite, égouttez puis déposez dans un bocal avec un peu d'huile d'olive. Vous pouvez remplacer les tomates séchées par du pesto aux tomates séchées.

Valeur nutritive par portion

Calories	**265**	**Gras total**	**11 g**	**Monoinsaturés**	**3,5 g**
Protéines	**14 g**	**Saturés**	**5 g**	**Calcium**	**256 mg**
Glucides	**33 g**	**Polyinsaturés**	**1 g**	**Fer**	**3 mg**
Fibres alimentaires	**5,5 g**	**Oméga-3**	**0,1 g**	**Vitamine C**	**19 mg**

Menu 20 : Menu léger aux saveurs de l'Inde

Ragoût de lentilles à l'indienne sur un lit de riz basmati • Yogourt

Ragoût de lentilles à l'indienne

6 portions • Préparation : moins de 30 minutes • Cuisson : 45 minutes • Le ragoût se congèle !

15 ml	huile d'olive	1 c. à soupe
225 g	navet ou rutabaga haché ou coupé en dés	1 tasse
6	branches de céleri hachées ou coupées en dés	6
2	poivrons rouges ou jaunes hachés ou coupés en dés	2
3	gousses d'ail hachées finement	3
1	boîte de tomates en dés (796 ml/28 oz)	1
2	boîtes de lentilles rincées et égouttées (540 ml/19 oz)	2
250 ml	bouillon de légumes	1 tasse
1	feuille de laurier	1
5 g	curcuma	1 c. à thé
5 g	cari	1 c. à thé
5 g	cumin moulu	1 c. à thé
2 g	cannelle	½ c. à thé
	Sel et poivre	
	Riz Basmati	

1. Dans un gros chaudron à couvert, faire cuire le navet, le céleri, les poivrons et l'ail dans l'huile à feu moyen-doux environ 7 à 8 minutes. Remuer de temps en temps.
2. Ajouter tous les autres ingrédients sauf le riz et cuire environ 15 minutes ou jusqu'à ce que les légumes soient encore croquants.
3. Servir sur un lit de riz.

Valeur nutritive par portion

Calories	290	Gras total	4 g	Monoinsaturés	2 g
Protéines	17 g	Saturés	0,5 g	Calcium	118 mg
Glucides	52 g	Polyinsaturés	1 g	Fer	8 mg
Fibres alimentaires	11,5 g	Oméga-3	0,1 g	Vitamine C	149 mg

Menu 21 : Sur le pouce !

Salade minute au basilic et feta • Croque-tofu aux saveurs de la Méditerranée • Coupe de fruits avec oranges en morceaux et dattes

Salade minute au basilic et feta

4 portions • Préparation : moins de 30 minutes • Cuisson : aucune

1 l	laitue au choix déchiquetée	4 tasses
12 g	feta allégée émiettée	2 c. à soupe
1	tomate fraîche en cubes	1
2	poivrons rouges ou verts hachés ou en cubes	2
20 ml	huile d'olive	4 c. à thé
10 ml	jus de citron	2 c. à thé
8 g	basilic frais haché	3 c. à soupe
	ou	
5 g	basilic séché	1 c. à thé
Au goût	poivre	Au goût

1. Diviser la laitue dans 4 assiettes de service.
2. Mélanger tous les autres ingrédients et en garnir la laitue.

Valeur nutritive par portion

Calories 85	Gras total ....6 g	Monoinsaturés...............3,5 g
Protéines ....3 g	Saturés.........................1,5 g	Calcium ....56 mg
Glucides ....7 g	Polyinsaturés.................0,5 g	Fer ....1 mg
Fibres alimentaires...........2 g	Oméga-3 ....0,1 g	Vitamine C.................123 mg

Croque-tofu aux saveurs de la Méditerranée

4 portions • Préparation : 30 minutes • Cuisson : 15 minutes

6 à 8	tranches de pain de grains entiers au choix	6 à 8
60 ml	vinaigre balsamique	¼ tasse
1	gousse d'ail hachée	1
1 paquet	tofu ferme (454 g/1 lb) râpé	1 paquet
1	tomate fraîche en cubes	1
6	tomates séchées marinées et hachées	6
	ou	
80 ml	pesto aux tomates séchées	⅓ tasse
125 g	fromage de chèvre allégé émietté ou tranché	¼ lb
	ou	
	autre fromage au choix	
Au goût	poivre	Au goût

Préchauffer le four à 180 °C (350 °F).

1. Étaler les tranches de pain sur une plaque à cuisson.
2. Mélanger le tofu, l'ail et le vinaigre balsamique. Bien égoutter le tofu et diviser sur toutes les tranches de pain.
3. Mélanger tous les autres ingrédients et déposer sur les tranches de pain. Cuire au four préchauffé 15 minutes environ ou jusqu'à ce que le fromage soit légèrement fondu.

Note

Vous pouvez remplacer les tomates séchées par du pesto aux tomates séchées que vous tartinez sur les tranches de pain.

Valeur nutritive par portion

Calories	**330**	**Gras total**	**15 g**	**Monoinsaturés**	**4 g**
Protéines	**21 g**	**Saturés**	**6 g**	**Calcium**	**491 mg**
Glucides	**33 g**	**Polyinsaturés**	**4 g**	**Fer**	**9 mg**
Fibres alimentaires	**5,5 g**	**Oméga-3**	**0,4 g**	**Vitamine C**	**11 mg**

Sauce végétarienne

12 portions

60 ml	huile d'olive	¼ tasse
½	pied de céleri	½
4	oignons	4
1	poivron rouge	1
2	poivrons verts	2
2	gousses d'ail hachées finement	2
2	boîtes de tomates en dés (796 ml/28 oz)	2
2	boîtes de pâte de tomate (156 ml/5,5 oz)	2
2	boîtes de sauce tomate (213 ml/7,5 oz)	2
Au goût	sel et poivre	Au goût
2,5 g	origan	½ c. à thé
2,5 g	sarriette	½ c. à thé
2,5 g	assaisonnement à l'italienne	½ c. à thé
2,5 g	marjolaine	½ c. à thé
2,5 g	piment broyé	½ c. à thé
2,5 g	thym	½ c. à thé
6	feuilles de laurier	6
6	gouttes de Tabasco	6
5 ml	sauce worcestershire	1 c. à thé
60 ml	vin blanc	¼ tasse
250 ml	sauce tamari légère	1 tasse
1 paquet	tofu régulier râpé (454 g/16 oz)	1 paquet
1 à 2	boîtes de jus de tomate (19 oz/540 ml)	1 à 2
1	boîte de lentilles rincées et égouttées (540 ml/19 oz)	1

1. Passer le céleri, l'oignon, les poivrons et l'ail au hachoir ou couper en cubes. Dans un grand chaudron, les cuire dans l'huile environ 15 minutes.
2. Ajouter tous les ingrédients sauf les lentilles. Verser d'abord 1 boîte de jus de tomate au mélange. Selon la texture désirée, ajouter du jus au besoin. Cuire à couvert à feu moyen-doux environ 1½ heure. Remuer à l'occasion pour éviter que la sauce colle au fond.
3. Ajouter ensuite les lentilles à la sauce et bien mélanger. Cuire encore 20 minutes.

Note

Transformez cette sauce végétarienne en « sauce à la viande traditionnelle » en remplaçant les lentilles et le tofu par de la viande (bœuf ou veau) maigre ou extramaigre hachée (1 kg/2 lb) que vous aurez pris soin de faire cuire, dans l'huile d'olive, juste avant les légumes.

Valeur nutritive par portion

Calories	**220**	**Gras total**	**7 g**	**Monoinsaturés**	**4 g**
Protéines	**12 g**	**Saturés**	**1 g**	**Calcium**	**213 mg**
Glucides	**31 g**	**Polyinsaturés**	**2 g**	**Fer**	**6 mg**
Fibres alimentaires	**6,5 g**	**Oméga-3**	**0,2 g**	**Vitamine C**	**68 mg**

Gâteau ou muffins aux courgettes

15 portions • Se congèle sans le glaçage

125 ml	huile de canola	½ tasse
50 g	sucre	¼ tasse
4	œufs	4
5 ml	vanille	1 c. à thé
360 g	courgettes non pelées et bien nettoyées	3 tasses
375 g	farine de blé entier	2½ tasses
10 g	bicarbonate de sodium	2 c. à thé
5 g	cannelle	1 c. à thé
75 g	noix de Grenoble hachées	½ tasse

Glaçage

250 g	fromage à la crème allégé	½ lb
25 g	sucre à glacer	¼ tasse
15 ml	jus de citron	1 c. à soupe
15 g	graines de pavot (facultatif)	2 c. à soupe

Préchauffer le four à 180 °C (350 °F).

1. Battre l'huile, le sucre, les œufs et la vanille au mélangeur ou au batteur électrique.

2. Passer les courgettes au hachoir ou les râper. Mélanger les courgettes avec la farine, le bicarbonate, la canelle et les noix. Faire un puits au centre et verser le mélange d'œufs. Brasser délicatement. Verser le mélange dans un plat en verre huilé* et enfariné, et cuire au four préchauffé 45 à 60 minutes, jusqu'à ce qu'un cure-dents inséré en ressorte propre. Laisser refroidir 10 minutes avant de démouler.

Préparation du glaçage au fromage à la crème

Ramollir le fromage 1 minute au four à micro-ondes dans un bol de verre. Ajouter le reste des ingrédients et mélanger au batteur électrique jusqu'à l'obtention d'une consistance lisse. Glacer le gâteau lorsqu'il est refroidi.

*** Version muffins**

Verser le mélange dans des moules à muffins huilés ou recouverts de petites caissettes en papier. Cuire 10 à 15 minutes ou jusqu'à ce qu'un cure-dents inséré en ressorte propre.

Variante

Remplacer les courgettes par des carottes râpées.

Valeur nutritive par portion

Calories 255	Gras total ....16 g	Monoinsaturés ....6,5 g
Protéines ....7 g	Saturés ....3 g	Calcium ....60 mg
Glucides ....24 g	Polyinsaturés ....5 g	Fer ....2 mg
Fibres alimentaires ....3,5 g	Oméga-3 ....1,2 g	Vitamine C ....5 mg

Pain aux bananes

15 portions

225 g	farine de blé entier	1½ tasse
75 g	noix de Grenoble hachées	½ tasse
50 g	sucre	¼ tasse
5 g	sel	1 c. à thé
2 ml	bicarbonate de sodium	¼ c. à thé

22 g	son de blé **ou** son d'avoine	¼ tasse
2	grosses bananes bien mûres (ou 3 petites)	2
80 ml	miel	⅓ tasse
80 ml	huile de canola	⅓ tasse
2	œufs	2

Préchauffer le four à 180 °C (350 °F).

1. Bien mélanger tous les ingrédients sauf les bananes, le miel, l'huile et les œufs.
2. Battre le reste des ingrédients au batteur électrique ou au robot culinaire. Creuser un puits dans les ingrédients secs et ajouter le mélange à la banane en une fois. Mélanger délicatement puis verser dans un moule à pain huilé et enfariné*. Cuire au four préchauffé 40 à 60 minutes, jusqu'à ce qu'un cure-dents inséré en ressorte propre. Laisser refroidir 10 minutes avant de démouler. Laisser refroidir le pain démoulé 2 heures sur une grille avant de l'emballer dans du papier d'aluminium. Il sera excellent le lendemain. Le papier d'aluminium conservera l'humidité du pain.

*** Version muffins aux bananes**
Verser le mélange dans des moules à muffins huilés ou recouverts de petites caissettes en papier. Cuire 10 à 15 minutes ou jusqu'à ce qu'un cure-dents inséré en ressorte propre. Donne 15 muffins.

Valeur nutritive par portion

Calories 180	**Gras total** ....9 g	**Monoinsaturés** ....3,5 g
Protéines ....4 g	**Saturés** ....1 g	**Calcium** ....14 mg
Glucides ....24 g	**Polyinsaturés** ....3,5 g	**Fer** ....1 mg
Fibres alimentaires ....2,5 g	**Oméga-3** ....0,8 g	**Vitamine C** ....2 mg

Potage à la courge musquée (butternut)

8 portions • Se congèle

1	courge musquée (butternut) pelée et coupée en cubes **ou** autre courge	1
1	gros oignon haché	1
1	gousse d'ail hachée finement	1
15 ml	huile d'olive	1 c. à soupe
1	boîte de poires (796 ml/28 oz), non sucrées, égouttées	1
1½ litre	bouillon de poulet	6 tasses
2 g	gingembre râpé frais ou congelé	1 c. à thé
	Sel et poivre	
	Lait	

1. Voir truc pour la courge ci-dessous.

2. Dans un grand chaudron, faire revenir l'oignon dans l'huile d'olive jusqu'à ce qu'il soit translucide. Ajouter l'ail et cuire 2 minutes.

3. Ajouter le reste des ingrédients. Remuer, couvrir et porter à ébullition. Réduire la chaleur et laisser mijoter à couvert en remuant à quelques reprises, environ 20 minutes ou jusqu'à ce que la courge soit très tendre. Vous pouvez réduire le temps de cuisson si la courge est déjà cuite, environ 10 minutes. Réduire en purée au robot culinaire ou au moulin à légumes, puis remettre sur feu moyen-élevé pour réchauffer. Vérifier l'assaisonnement. Verser dans des bols et ajouter un peu de lait.

Truc pour peler la courge

Au four : coupez la courge en deux et retirez les graines. Déposez les surfaces coupées sur une plaque à cuisson. Cuire au four à 180 °C (350 °F) environ 30 minutes ou jusqu'à tendreté. Retirez la chair à la cuillère puis ajoutez au potage.

Au four à micro-ondes : coupez la courge en deux et retirez les graines. Déposez les surfaces coupées dans un plat en verre peu profond et cuire à haute intensité 10 à 15 minutes ou jusqu'à tendreté. Retirez la chair à la cuillère, puis ajoutez au potage.

Valeur nutritive par portion

Calories	**155**	**Gras total**	**2 g**	**Monoinsaturés**	**0,5 g**
Protéines	**9 g**	**Saturés**	**1 g**	**Calcium**	**235 mg**
Glucides	**28 g**	**Polyinsaturés**	**0 g**	**Fer**	**1 mg**
Fibres alimentaires	**4 g**	**Oméga-3**	**0,1 g**	**Vitamine C**	**15 mg**

Tarte aux pommes délicieuse

4 à 8 portions • Préparation : 30 minutes • Cuisson : 30 à 40 minutes • Se congèle cuite

8	pommes	8
60 ml	eau	¼ tasse
125 ml	sirop d'érable	½ tasse
30 ml	jus de citron	2 c. à soupe
5 ml	vanille	1 c. à thé
2 moyens ou 3 petits	œufs battus	2 moyens ou 3 petits
1	abaisse non cuite	1

Préchauffer le four à 180 °C (350 °F).

1. Peler et couper les pommes grossièrement en tranches pas trop épaisses et verser avec l'eau dans un plat allant au four à micro-ondes. Cuire 5 minutes. Réserver.

2. Mélanger le sirop, le jus de citron, la vanille et les œufs et ajouter aux pommes. Réserver.

3. Disposer l'abaisse dans un moule d'environ 23 cm/9 po de diamètre huilé légèrement. Verser le mélange de pommes et de sirop d'érable dans l'abaisse. Cuire au four préchauffé 30 à 40 minutes, ou jusqu'à ce que la garniture soit assez ferme.

Note

La tarte doit être cuite avant d'être congelée. Au service, vous devez la passer directement au four à 120°C (250°F) sans la décongeler. Vous éviterez ainsi que la pâte se détrempe. Cuire 15 à 20 minutes, ou jusqu'à ce qu'elle soit assez réchauffée.

Valeur nutritive par portion

Calories	285	Gras total	10 g	Monoinsaturés	5 g
Protéines	5 g	Saturés	2 g	Calcium	34 mg
Glucides	46 g	Polyinsaturés	2,5 g	Fer	1 mg
Fibres alimentaires	4 g	Oméga-3	0,7 g	Vitamine C	7 mg

Pâte à tarte de blé entier et sans gras « trans »

2 abaisses de 23 cm/9 po • Se congèle

375 g	farine de blé entier à pâtisserie	2½ tasses
5 g	sucre	1 c. à thé
5 g	sel	1 c. à thé
30 g	beurre	2 c. à soupe
125 ml	huile de canola	½ tasse
90 ml	eau glacée	6 c. à soupe
	Papier ciré pour rouler la pâte	

1. Mélanger la farine, le sucre et le sel dans un bol.

2. Faire fondre le beurre environ 30 secondes au four à micro-ondes dans un petit bol. Laisser refroidir, puis incorporer à l'huile.

3. Incorporer l'huile et le beurre à la farine, à la fourchette, jusqu'à ce que la préparation soit granuleuse.

4. Ajouter l'eau glacée graduellement afin de former une boule. Ajouter 1 c. à soupe à la fois d'eau glacée supplémentaire si la boule ne se façonne pas bien. Diviser la pâte en deux.

5. Aplatir chacune d'entre elles et les déposer entre deux feuilles de papier ciré.

6. Rouler la pâte jusqu'à l'obtention de la forme désirée. Retirer le papier du dessus et renverser la pâte dans l'assiette à tarte. Bien mouler. Répéter pour la deuxième abaisse. Réfrigérer avant la cuisson, si désiré. Congeler la deuxième abaisse dans l'assiette. Puis dans un sac à congélation. Elle sera prête pour une prochaine préparation. Ne pas décongeler la pâte avant l'utilisation.

Pizza maison végétarienne

4 portions • Se congèle

1	pâte à pizza de grains entiers ou 4 pitas de blé	1
250 ml	sauce végétarienne	1 tasse
1	paquet de tofu ferme, râpé (454 g/16 oz)	1
2 à 3	poivrons rouges ou verts hachés	2 à 3
½	oignon haché	½
4 à 5	champignons tranchés	4 à 5
	Piment jalapeño, olives ou tomates séchées hachées (au goût)	
100 g	mozzarella faible en gras râpée	1 tasse
Au goût	poivre	Au goût

Préchauffer le four à 180 °C (350 °F).

1. Badigeonner la pâte à pizza ou les pitas de sauce végétarienne (voir p. 74).
2. Recouvrir de tofu râpé, de légumes puis de jalapeño, des olives ou des tomates séchées hachées.
3. Recouvrir de mozzarella râpée et de poivre au goût et cuire au four préchauffé.

Varier les types de pizzas

Remplacer la sauce par :

- du pesto
- du pesto aux tomates séchées
- de la sauce tomate
- de la salsa du commerce

Remplacer le tofu par :

- des crevettes ou des fruits de mer cuits (350 g/¾ lb)
- de la viande hachée extramaigre cuite (350 g/¾ lb)
- des lanières de poulet cuit (350 g/¾ lb)
- 1 boîte de thon égoutté (170 g/6 oz) et du saumon fumé

Remplacer les légumes par :

- des tomates hachées, de l'ail pressé et de l'huile d'olive
- des artichauts marinés en quartiers et égouttés puis hachés
- des fleurs de brocoli blanchies et du basilic frais
- des pointes d'asperges cuites et du bocconcini faible en gras tranché
- des courgettes en cubes, de l'oignon vert et du poivre

Truc congélation

Vous pouvez préparer votre pizza avec toute la garniture et la déposer sur une plaque à pizza puis la congeler dans un sac de congélation. Au moment de l'utiliser, vous retirez le sac à congélation et transférez la pizza congelée directement au four préchauffé à 180°C (350°F). Cuire 15 à 20 minutes. Ne décongelez surtout pas la pâte, car elle serait détrempée.

15 Petits-déjeuners santé

Idée 1

Fruits ou jus de fruits sans sucre

Gruau nature cuit dans du lait ou boisson de soja à la vanille

1 à 2 tranches de pain de grains entiers grillées et fromage léger

Café ou thé

Idée 2

125 ml/½ tasse de yogourt nature et 1 fruit coupé et 15 ml/1 c. à soupe de graines de lin moulues arrosées d'un filet de sirop d'érable

1 à 2 tranches de pain de seigle grillées et beurre d'amande

Café ou lait

Idée 3

Fruit

Crème de blé*

1 à 2 tranches de pain de blé grillées, beurre d'arachide et compote de pommes sans sucre

1 verre de lait

*Voir indication du fabriquant pour la cuisson de la crème de blé

Idée 4

½ pamplemousse rose

Céréales riches en fibres avec environ

250 ml/1 tasse de lait écrémé, 1 ou 2 % m.g.

1 à 2 tranches de pain de blé grillées et confiture

Idée 5

Yogourt nature

et 15 ml/1 c. à soupe de graines de lin moulues

1 fruit en dés

1 muffin maison au son

Idée 6

125 ml/½ tasse de fromage cottage 1 ou 2 % m.g.

1 à 2 tranches de pain de seigle grillées

Fruit

Café ou thé

Idée 7

1 à 2 œufs avec jambon ou fromage cottage, accompagnés d'un fruit

1 à 2 tranches de pain de blé grillées

Idée 8

1 à 2 tranches de pain grillées avec beurre d'arachide, mélasse et banane en rondelles

1 verre de lait

Idée 9

Yogourt nature avec céréales maison et pomme en dés, petit filet de sirop et 15 ml/1 c. à soupe de graines de lin moulues

Café au lait

Idée 10

Fruit ou jus de fruits

1 à 2 tranches de pain doré
(tremper le pain dans un mélange
de 1 œuf, un peu de lait et 1 c. soupe (15 ml) de sucre)

Fromage cottage 1 ou 2 % m.g.
ou 1 verre de lait

Idée 11

Fruit

Galettes de sarrasin* et mélasse verte

Verre de lait

*Pour la recette de galettes de sarrasin, voyez les indications du fabriquant sur l'emballage de farine de sarrasin. La recette s'y trouve.

Idée 12

Fruit

Son d'avoine cuit dans du lait*
ou boisson de soja à la vanille

1 à 2 tranches de pain de seigle grillées et fromage léger

Thé vert

*Pour la recette, voir les indications du fabriquant sur la boîte de son d'avoine.

Idée 13

Café ou thé

2 gaufres de grains entiers garnies de fruits coupés
et de yogourt (environ 1 tasse) avec un filet de sirop d'érable.

Idée 14

Café

Banane royale santé
(½ banane coupée en deux sur la longueur avec yogourt, environ 100 g/1 tasse et céréales riches en fibres avec filet de mélasse verte et graines de lin moulues)

Idée 15

1 tranche de pain de grains entiers grillée, beurre d'arachide ou beurre d'amande nature

Lait frappé aux bananes (passez au mélangeur : 1 tasse de lait écrémé, 1 ou 2 % m.g., ½ banane)

15 à 30 ml/1 à 2 c. à soupe de yogourt au choix et filet de sirop d'érable

Listes pour les courses

Semaine 1

Menu 1
- Pizza au thon
- Verdure au balsamique
- Coupe de fruits

Menu 9
- Poulet mariné au miel
- Salade de quinoa ou de couscous
- Mangue et cantaloup

Menu 16
- Pâtes rotini et tofu
- Prune

Menu 3
- Pain au saumon
- Brocoli vapeur
- Fruit

Menu 11
- Bœuf au chou
- Pommes de terre en purée
- Haricots verts
- Banane et yogourt

LISTE POUR LES COURSES

Repas principal et accompagnement
- Bœuf haché extramaigre (500 g/1¼ lb)
- Poitrines de poulet désossées (500 g/1¼ lb)
- 5 poivrons rouges ou jaunes ou verts
- 1 laitue boston
- 3 champignons
- 7 oignons moyens
- Haricots verts (750 ml à 1 litre/3 à 4 tasses)
- 1 petit chou pommé blanc ou ½ gros
- 4 pommes de terre à chair jaune, moyennes
- 2 branches de céleri
- 1 concombre moyen
- Fleurs de brocoli (1 litre/4 tasses)
- Brocoli en accompagnement (environ 1 L/4 tasses par personne)
- 3 grosses tomates fraîches
- 1 oignon vert
- 7 gousses d'ail
- 2 citrons ou jus de citron (60 ml /¼ tasse)
- 8 feuilles de laitue au choix
- Menthe fraîche ou persil frais (15 g/ 1 c. à soupe) ou persil séché (5 g/1 c. à thé)
- 4 muffins anglais de blé entier ou 4 tranches de pain au choix
- Mozzarella faible en gras (moins de 20 % m.g.) (375 ml/1½ tasse)
- Ricotta 7 % m.g. 250 ml/1 tasse /250 g)
- Parmesan râpé (33 g/⅓ tasse)
- Crème sure 14 % m.g. (125 ml/½ tasse)
- 2 œufs
- 1 brique de tofu régulier (454 g/1 lb environ)
- Pain de grains entiers (4 tranches)
- Pâtes rotini de grains entiers (500 ml/2 tasses)

Dessert
- Bleuets et framboises (260 g/2 tasses)
- Mangue et cantaloup
- 2 petites bananes
- 4 fruits au choix
- 6 prunes fraîches ou autres fruits au choix
- Yogourt nature

EN RÉSERVE (Si vous n'avez pas ces ingrédients en réserve, il faut les ajouter à votre liste d'épicerie)

Repas principal et accompagnement
- 2 boîtes de thon dans l'eau (170 g/6 oz)
- 2 boîtes de saumon (213 g/7,5 oz)
- 2 boîtes de jus de tomate (540 ml/19 oz)
- 2 boîtes de tomates en dés (796 ml/28 oz)
- Bouillon de poulet
- Quinoa en grains ou couscous entier ou de blé (180 g/1 tasse)
- Basilic, thym, origan, piments broyés
- Assaisonnement à l'italienne, ciboulette
- Curcuma
- Huile d'olive et huile de canola
- Vinaigre balsamique
- Sauce tabasco
- Sauce worcestershire
- Sauce soja ou tamari légère
- Miel liquide
- Mayonnaise légère
- Olives ou cornichons à l'aneth (facultatif)
- Fèves soja rôties ou noix au choix
- Farine blanche
- Tisane parfumée de votre choix

Dessert
- Sirop d'érable

Semaine 2

Menu 12
- Hachis de porc et tofu
- Riz vapeur
- Fruit

Menu 8
- Poulet crémeux au curcuma
- Mesclun, couscous et noix de Grenoble
- Fruit

Menu 17
- Petite salade verte
- Linguines aux fruits de mer
- Pomme, canneberges et yogourt vanille

Menu 19
- Soupe aux haricots rouges
- Sandwich aux 2 tomates
- Coupe de fraises et kiwis

Menu 6
- Salade aux œufs et au thon à l'ail
- Pain de grains entiers
- Croustade aux pommes
- Thé vert

LISTE POUR LES COURSES

Repas principal et accompagnement
- Porc ou veau haché maigre ou extramaigre (400 g/3⁄4 à 1 lb)
- Poitrines de poulet désossées (500 g/1¼ lb)
- Fruits de mer (500 g/1¼ lb) ou saumon ou palourdes fraîches ou en conserve
- Tofu ferme (454 g/16 oz environ)
- 7 oignons verts
- 7 poivrons verts ou rouges
- 8 tomates fraîches
- 1 avocat mûr
- 1 carotte
- 2 oignons moyens
- 1 petit oignon rouge
- 4 gousses d'ail
- Laitue romaine (1,5 litre/6 tasses)
- Épinards frais (environ 500 ml/2 tasses)
- Laitue au choix (4 feuilles)
- Mesclun ou autre laitue au choix (1 litre/4 tasses)
- 1 citron frais ou jus de citron (30 ml/2 c. à soupe)
- Ciboulette fraîche ou séchée (15 ml/1 c. à soupe)
- 1 pomme
- Maïs en grains surgelés (250 ml/1 tasse)
- Tomates séchées marinées ou déshydratées en sachet (45 g/¼ tasse)
- 1 bouteille de vin rouge (facultatif)
- Crème 10 % m.g. (125 ml/½ tasse)
- Yogourt nature (80 ml/⅓ tasse)
- 6 œufs
- 4 tranches de fromage suisse allégé (moins de 20 % m.g.)
- Linguine de grains entiers (1 paquet de 375 g/13 oz)
- Pâtes rotini de grains entiers (250 ml/1 tasse)
- Pain de grains entiers au choix (8 tranches)
- 4 petits pains de grains entiers

Dessert
- 10 fruits
- Yogourt à la vanille (250 ml/1 tasse)
- 12 pommes
- 2 poires fraîches ou en conserve
- Compote de pommes non sucrée (80 ml/⅓ tasse)
- Canneberges 60 ml (¼ tasse)
- Fraises et 4 kiwis

EN RÉSERVE (Si vous n'avez pas ces ingrédients en réserve, il faut les ajouter à votre liste d'épicerie)

Repas principal et accompagnement
- Huile d'olive
- Huile de canola
- Vin blanc pour cuisiner
- Bouillon de poulet
- Mayonnaise légère
- Moutarde de Dijon ou à l'ancienne
- Sauce tamari ou soja légère
- Vinaigre de vin
- Sauce tabasco
- Câpres
- Sauce de poisson
- 1 boîte de tomates en dés (540 ml/19 oz)
- 1 boîte de sauce tomate (213 ml/7,5 oz)
- 2 boîtes de thon dans l'eau (170 g/6 oz)
- 1 boîte de haricots rouges (540 ml/19 oz)
- Miel
- Curcuma
- Cari, thym, marjolaine, basilic
- Assaisonnement à l'italienne
- Riz au choix
- Couscous de grains entiers secs
- Farine blanche tout usage
- Noix de Grenoble hachées (facultatif)
- Thé vert

Dessert
- Cassonade
- Cannelle
- Amandes ou noix hachées,
- Flocons d'avoine ou de sarrasin ou de quinoa
- Farine de grains entiers au choix

Semaine 3

Menu 13
- Soupe repas aux boulettes
- Petit pain de grains entiers
- Yogourt et fruits des champs

Menu 2
- Truite à la Dijonnaise
- Pommes de terre rissolées
- Chou-fleur et brocoli
- Yogourt

Menu 15
- Salade au parmesan
- Spaghetti version végétarienne
- Yogourt et bleuets

Menu 7
- Fish chowder de Maman
- Biscottes de grains entiers
- Mousse de tofu au cacao

Menu 21
- Croque-tofu aux saveurs de la Méditerranée
- Salade minute au basilic et feta
- Coupe de fruits

LISTE POUR LES COURSES

Repas principal et accompagnement
- Bœuf haché extramaigre (340 g/3⁄4 lb)
- 1 brique de tofu régulier (454 g/16 oz environ)
- 4 filets de truite (720 g/1½ lb)
- Saumon frais en filets ou darnes (225 g/½ lb)
- 3 oignons (petits) ou 1 moyen
- 1 oignon rouge
- 4 gousses d'ail
- 1 courgette
- 1 grosse carotte
- Champignons (50 g/½ tasse)
- 6 branches de céleri
- 2 tomates fraîches
- 6 tomates séchées marinées ou tomates déshydratées ou pesto aux tomates séchées
- 2 poivrons rouges ou verts
- 5 petites pommes de terre
- Chou-fleur et brocoli (1 L/4 tasses)
- 2 citrons frais ou jus de citron (60 ml/¼ tasse)
- Laitue romaine (1½ L/6 tasses)
- Laitue au choix (1 L /4 tasses)
- Jus de légumes (1 L /4 tasses)
- Cresson frais (125 ml/½ tasse) (facultatif)
- Basilic frais (15 g/3 c. à soupe) ou séché (5 ml/1 c. à thé)
- Maïs en grains surgelés (250 ml/1 tasse)
- 6 petits pains de grains entiers
- Pain de grains entiers au choix (6 à 8 tranches)
- Spaghetti de grains entiers (375 g/13 oz),
- Croûtons à salade nature (facultatif)
- Feta allégée (12 g/2 c. à soupe),
- Fromage de chèvre allégé (125 g/¼ lb) ou autre fromage au choix
- Lait écrémé ou partiellement écrémé 2 % et moins de m.g. (500 ml/2 tasses)
- Parmesan frais râpé (12 g/2 c. à soupe)

Dessert
- Yogourt et fruits des champs pour 6 personnes
- Yogourt au choix pour 4 personnes
- Yogourt nature ou à la vanille pour 4 personnes
- Bleuets
- 1 bloc de tofu soyeux ferme (350 g/12 oz)
- 2 bananes bien mûres
- 1 citron frais ou jus de citron (15 ml/1 c. à soupe)
- 2 oranges
- Dattes séchées (4 à 6)

EN RÉSERVE (Si vous n'avez pas ces ingrédients en réserve, il faut les ajouter à votre liste d'épicerie)

Repas principal et accompagnement
- Huile d'olive
- Huile de noix (facultatif)
- Bouillon de bœuf
- Bouillon de légumes
- Bouillon de poulet
- 1 boîte de tomates en dés (796 ml/28 oz)
- Sauce tabasco
- Moutarde à l'ancienne ou de dijon
- Vinaigre balsamique
- 1 boîte de haricots rouges (540 ml/19 oz)
- Couscous de grains entiers,
- Cumin, thym, paprika, basilic
- Curcuma
- Feuilles de laurier
- Biscottes de grains entiers
- Farine blanche tout usage
- Sauce végétarienne, voir liste de marché si aucune en réserve
- Papier parchemin (facultatif)

Dessert
- Poudre de cacao non sucré
- Sirop d'érable

Semaine 4

Menu 10
- Salade de poulet à la coriandre et à l'arachide
- Yogourt et framboises
- Thé vert

Menu 18
- Salade multicolore
- Pizza pita fromage de chèvre et tofu
- Mousse aux bananes

Menu 4
- Tilapia aux tomates confites
- Purée de pommes de terre et patate douce
- Tisane à l'abricot
- Raisins frais et chocolat noir

Menu 20
- Ragoût de lentilles à l'indienne
- Riz basmati vapeur
- Yogourt

Menu 5
- Tartare de saumon
- Tomates en quartiers poivrées
- Petit pain de grains entiers
- Bol de fruits

LISTE POUR LES COURSES

Repas principal et accompagnement
- Poitrines de poulet désossées (500 g/1¼ lb)
- Filets de tilapia (700 g/1½ lb)
- 2 darnes de saumon frais (250 g /½ lb)
- Tofu régulier (225 g)
- Chou chinois (150 g/2 tasses)
- Champignons (150 g/1½ tasse)
- 1 oignon vert
- Laitue romaine (750 ml/3 tasses)
- Laitue boston ou mesclun (au moins 500 ml/2 tasses)
- Échalotes grises ou françaises (15 ml/1 c. à soupe)
- 6 poivrons verts ou rouges
- 3 grosses tomates
- 3 tomates moyennes
- 8 tomates italiennes ou 15 tomates cerises environ
- 7 gousses d'ail
- 1 patate douce
- 4 pommes de terre à chair jaune, moyennes
- 1 petit navet ou rutabaga (225 g/1 tasse)
- 6 branches de céleri
- Coriandre fraîche (facultatif) (60 ml /¼ tasse)
- Ciboulettes fraîches ou séchées (5 ml/1 c. à thé)
- Basilic frais (10 g/¼ tasse) ou séché (5 ml/1 c. à thé)
- Romarin, persil et thym frais (10 ml/2 c. à thé de chacun) ou séchés (2 ml/½ c. à thé de chacun)
- 2 citrons frais ou jus de citron (80 ml/1⁄3 tasse)
- Racine de gingembre frais (30 ml/2 c. à soupe)
- Arachides (30 ml/2 c. à soupe)
- Vermicelle de riz (300 g/10½ oz)
- Olives noires dénoyautées (125 ml/½ tasse)
- 4 pains pita de blé (environ 18 cm/7 po de diamètre)
- 2 petits pains de grains entiers
- Fromage de chèvre allégé (200 g/½ lb)
- Lait et beurre

Dessert
- Yogourt pour 4 personnes
- Yogourt pour 4 personnes pour un autre repas
- Framboises fraîches ou surgelées (environ 130 g/1 tasse)
- 1 paquet de tofu soyeux ferme (350 g/12 oz)
- 1 citron frais ou jus de citron (30 ml/2 c. à soupe)
- 2 grosses bananes bien mûres fraîches ou congelées
- Raisins frais
- 1 tablette de chocolat noir à 70 % ou plus
- Fraises et oranges pour 4 personnes

EN RÉSERVE (Si vous n'avez pas ces ingrédients en réserve, il faut les ajouter à votre liste d'épicerie)

Repas principal et accompagnement
- Huile d'olive
- Bouillon de légumes
- Moutarde à l'ancienne
- Câpres
- Cornichons à l'aneth en pot
- Sauce tabasco
- Relish sucrée
- Mayonnaise
- Sauce tamari ou soja légère
- Vinaigre de riz
- Vinaigre de vin
- Riz basmati
- 1 boîte de tomates en dés (796 ml/28 oz)
- 2 boîtes de lentilles brunes (540 ml/19 oz)
- Ciboulette, curcuma, cumin moulu, cari
- Cannelle, feuilles de laurier
- Miel
- Graines de sésame
- Thé vert
- Tisane à l'abricot ou autre saveur au choix
- Beurre d'arachide naturel

Dessert
- Sirop d'érable

Index des recettes